I0139310

LES PANORAMAS

GÉOGRAPHIQUES

EXPOSITION UNIVERSELLE

A BORD D'UN TRANSATLANTIQUE. — LA BAIE
DE RIO-DE-JANEIRO. — LES CHUTES DU
NIAGARA. — LE PÉTROLE ET LES GRANDS
CENTRES PÉTROLIFÈRES. — JÉRUSA-
LEM. — LE MONDE ANTÉDILUVIEN.

VIBERT

1890

LES
PANORAMAS GÉOGRAPHIQUES
DE PARIS

Arcis-sur-Aube. — Imp. Léon Frémont.

SOUVENIR

DE

L'EXPOSITION UNIVERSELLE DE 1889

LES

PANORAMAS GÉOGRAPHIQUES

DE PARIS

PAR

PAUL VIBERT

〜〜〜〜〜〜

1890

CHARLES BAYLE, ÉDITEUR

16, *Rue de l'Abbaye*, 16

PARIS

AU LECTEUR

La méthode expérimentale et scientifique a changé la face du monde depuis cinquante ans en changeant, ou plutôt en perfectionnant, les modes d'enseignements.

L'histoire n'est plus la froide nomenclature des rois, des empires, des batailles et des grands capitaines, — ces égorgeurs, — dont l'humanité, par une singulière aberration, a fait jusqu'à ce jour des héros, comme si le meurtre en coupe réglée, le sang et l'assassinat en grand, pouvaient jamais procurer la gloire.

La Géographie n'est plus une vaine et inutile nomenclature de pays, de villes ou de rivières. Le grand souffle populaire de 89, en passant sur ces momies, les a vivifiées, et les connaissances humaines, arrachées aux étreintes délétères d'une aristocratie pourrie par quatre mille ans d'abus et de débauches, se sont démocratisées, c'est-à-dire purifiées au contact viril et sain de la foule.

Aujourd'hui, le savoir n'est plus le monopole d'une poignée de moines ou de réunions plus ou moins académiques, il est à la portée de tout le monde. La foule veut connaître, le peuple s'instruire ; l'enfant veut tout voir et savoir et l'on peut affirmer que cette soif ardente de lumières, développée et satisfaite si largement depuis près de vingt ans par la République, sera sa gloire éternelle, l'éternelle gloire de cette fin de siècle.

Si l'Atavisme a ses partisants en certains cas, — rien n'est absolu sur la terre, — la perfectibilité humaine a les siens, non moins convaincus. Or, les peuples, comme les individus, grandissent, se perfectionnent, et tendent chaque jour vers un idéal de science, de justice et de liberté plus grand.

Voilà pourquoi, voulant grandir la nation, on a raison d'instruire l'enfant, cette semence féconde de l'avenir.

Si les méthodes sont chaque jour plus parfaites, plus précises et plus simples, en même temps elles ont aussi le désir d'arriver le plus vite possible à un but pratique. En cela, elles ont grandement raison, et c'est pourquoi, pour ma part, ayant toujours devant les yeux les dures nécessités que nous imposent la lutte pour la vie, la concurrence étrangère, je n'ai jamais cessé un instant de réclamer l'étude des langues vivantes, à côté du grec et du latin, et de demander l'école professionnelle, au-dessus de l'école primaire, parallèlement avec celles qui ont pour mission de donner ce que l'on est convenu d'appeler les études classiques.

Si les médecins et les avocats sont parfois utiles, j'estime que les cultivateurs compétents que les industriels pratiques, que les commerçants instruits dans leur partie, que les ouvriers habiles, sont infiniment plus nécessaires pour la grandeur et la prospérité de la patrie.

La veuve et l'orphelin, suivant le cliché consacré, peuvent se passer des bons offices de l'avocat, ils ne sauraient se passer de pain et de travail : assurer la prospérité matérielle d'un peuple par ce temps de lutte sans merci, c'est aussi assurer sa grandeur au dehors et je ne sache pas que les plus fins politiciens aient trouvés d'autres moyens plus pratiques dans leurs profondes méditations à la buvette du parlement.

La France vit de travail, tandis qu'on voudrait la faire mourir de politique ; il est temps que cela cesse, il est temps que les républicains socialistes, la méthode scientifique comme

moyen, la grandeur du pays comme but, inter-
viennent et fondent le grand parti des travailleurs à la place des factions qui nous épuisent
en luttes aussi vaines que stériles.

Faut-il désespérer, est-ce à dire que ce beau
rêve doive rester éternellement un rêve ; est-ce à
dire que l'aristocratie de naissance, de robe ou
d'épée, doit être remplacée à tout jamais par
l'aristocratie d'argent ?

Le peuple, en qui s'est réfugiée toute la sève,
toute la vie et toute l'intelligence de la nation,
doit-il assister aux orgies de fils de famille
abrutis en compagnie de filles et mourir de
faim, — tel le mendiant qui regarde de belles
dames manger des gâteaux à travers les glaces
d'une pâtisserie ?

Y aura-t-il toujours sur terre une poignée
de privilégiés et des millions de meurt-de-
faim ?

Le peuple, nouveau juif-errant, doit-il pour-
suivre éternellement cet avenir de bonheur, de
justice et de liberté, entrevu depuis si longtemps
comme un mirage trompeur et toujours, au
moment de toucher le but, sera-t-il rejeté bru-
talement dans la réalité, — c'est-à-dire dans la
vie, par la botte insolente du parvenu ?

Je ne le crois pas. Non, je ne le crois pas, parce que le peuple armé du suffrage universel — arme dont il ne sait pas encore se servir, puisqu'il vote presque toujours pour le riche et non pas pour un des siens — de plus, aujourd'hui, possède enfin l'instruction.

Voilà l'arme de toute justice, de toute vérité, de tout progrès pacifiques et de toute émancipation de demain.

Quand la génération qui grandit possédera la somme nécessaire de connaissances pour savoir ses droits et ses devoirs, on ne lui fera plus prendre des vessies pour des lanternes. Ce jour là la République socialiste et scientifique sortira triomphante des urnes ; ce jour là la France fera une rude étape vers le progrès.

C'est pour cela que nous travaillons tous avec tant d'ardeur, c'est pour cela que moi-même, modestement, président d'une société d'éducation populaire, je fais mes cours du soir sans relâche comme sans défaillance, parce que je me dis : en instruisant la jeunesse, je travaille pour la France, pour la République.

Peut-être se trouvera-t-il un lecteur qui, tout en m'approuvant grandement, me demandera

1.

quel rapport il peut bien y avoir entre ces idées générales et quelques pages écrites au courant de la plume sur les panoramas géographiques de Paris.

La réponse est facile : si je n'ai point été trop inférieur à ma tache, si j'ai rendu assez fidèlement la peinture elle-même, si en parlant des magiques horizons de la baie de Rio-de-Janeiro ou de Jérusalem, des grasses et riantes campagnes de l'Amérique du Nord ou des steppes de la Russie, si en évoquant ces pays lointains j'ai suggéré à quelques jeunes hommes vaillants l'idée d'y aller tenir haut et ferme le drapeau tricolore, en faisant du commerce, en enrichissant la métropole de leurs commandes, je n'aurai point perdu mon temps et je me déclarerai satisfait. Au milieu de tant de progrès, de tant de méthodes pédagogiques ingénieuses, le panorama m'a paru une leçon de choses merveilleusement vivante, suggestive et lumineuse, et j'ai voulu le dire simplement comme je le pense.

Depuis le commencement du monde, à travers la nuit des temps, sans bruit, silencieusement, l'insecte, le coquillage, l'être vivant, se succédant par milliards de générations, ont laborieusement édifié ces vastes plaines, ces montagnes, cette terre que nous admirons, tel un peuple grandit lentement, graduellement par l'effort incessant de tous ses enfants. L'intelligence de la France, aujourd'hui, est composée des millions d'intelligences qui ont pensé, travaillé pour elle depuis Clovis, des millions de cœurs qui ont battu pour elle.

Ces couches superposées, qu'elles soient géologiques ou morales, répondent encore éloquemment à qui sait les interroger.

Nous, modestes travailleurs de cette fin de siècle, qui avons devant les yeux l'intense vision des devoirs à accomplir en face de la concurrence ardente des Anglais et des Allemands, puissions-nous être à la hauteur de notre tâche, ne point démériter de notre mère, et être l'humus vivifiant de la génération qui grandit pour la gloire de la France et de la République!

Paul VIBERT.

A BORD
d'un Transatlantique

L'Eugène-Péreire *entrant dans le Port de Marseille.*

LA BOURGOGNE *sortant du Port de New-York.*

A BORD D'UN TRANSATLANTIQUE

En lisant ce titre, je vois d'ici le lecteur se figurant que nous allons filer sur New-York ; quelle erreur est la sienne, nous sommes tout simplement dans l'Exposition, fermée d'hier, au milieu d'un merveilleux Panorama établi le long du quai par les soins de M. le comte Eugène de Péreire.

A ce propos disons que cette noblesse qui date de l'année n'en n'a pas moins été vaillamment gagnée par le célèbre financier philanthrope sur les champs de batailles industriels — les seuls qui ne fassent point couler de larmes.

Nous sommes donc en pleine rade du Hâvre, la ville est devant nous, puis le boulevard maritime, puis les hauteurs de Sainte-Adresse, puis le cap de la Hêve, tandis que de l'autre côté de l'embouchure de la Seine, les côtes basses à l'horizon nous révèlent Trouville et dans le lointain la pointe de Dives.

Du côté opposé à la ville, la mer, la mer infinie se perdant avec le ciel et nous donnant l'idée de la réalité la plus absolue.

J'entends d'ici le lecteur de tout à l'heure m'arrêter et me dire : « pardon, mais le Hâvre ce n'est plus de la Géographie, c'est à peine la banlieue de Paris, l'antichambre du nouveau monde si vous voulez. »

J'avoue, en effet que l'on est porté à ne considérer comme un point géographique digne d'intérêt que les pays lointains ; allez donc demander aux Japonais s'ils ne considèrent pas les Folies-Bergère et les Montagnes Russes comme des lieux géographiques du plus haut intérêt.

Je reviens au Panorama des Transatlantiques, ce qui est curieux là, ce n'est pas seulement le Hâvre dans son cadre enchanteur, mais surtout l'exécution prodigieuse du Panorama lui-même : c'est hardi, c'est audacieux, nouveau et surprenant d'exécution ; sans vouloir chiper à Madame de Sévigné ses légendaires qualificatifs, je pense qu'ils ne sont pas de trop ici.

Nous sommes bien là en pleine mer, bien à bord d'un vrai Transatlantique — j'allais dire en chair et en os pour mieux peindre l'impression commune des visiteurs.

L'artiste, M. Poilpot, un vétéran dans l'art panoramique a fait tenir dans un diamètre de 35 mètres, un navire de 160 mètres de long et nous sommes bien véritablement une foule de braves gens entassés au milieu de ce navire, cloués là par l'admiration et l'étonnement.

L'arrière est à 125 mètres de nous, tandis que l'avant n'est qu'à 42 mètres ; voilà bien le comble de l'illusion, ou je me trompe fort.

Et tout autour de moi, au milieu des vagues, se balance la flotte entière des Transatlantiques, soit 72 navires rangés en vue du Hâvre.

J'ai vu bien des panoramas dans ma vie, un peu partout en Europe, j'avoue que je n'ai jamais rien rencontré de pareil comme exécution.

Cette idée est tout d'abord venue à M. Péreire, il l'a en quelque sorte imposée à M. Poilpot, c'était tout une révolution dans l'art consacré : « Je veux ma *Touraine* tout entière, je veux toute ma flotte, et la ville du Hâvre, et la mer immense, et l'illusion absolue, disait le directeur. »

Et de fait l'artiste en faisant de nous tous des passagers et non plus des spectateurs a, du coup, doublé l'intensité de l'intérêt.

J'ai voulu attirer l'attention des lecteurs sur un tour de force artistique sans précédent et dont le public ne se rend pas assez compte.

Aussi bien comme je le disais en commençant, tout le monde connaît la rade du Hâvre, je ne m'attarderai donc point à des redites : on va voir ce panorama, on ne le raconte pas.

Mais ce bâtiment si élégant sur lequel se déroulent onze cartes, attire dès la première minute, il est lui-même une innovation, ce qui est assez naturel, si l'on pense qu'il est l'œuvre d'un jeune architecte déjà célèbre à juste titre, puisqu'il est l'auteur de la Nouvelle Sorbonne ; j'ai nommé M. Nénot.

Là les difficultés de construction elles-mêmes étaient plus grandes qu'ailleurs, puisqu'il fallait avant tout élever un bâtiment en partie sur pilotis.

Je m'arrête un instant à tous ces détails parce qu'ils montrent bien la somme d'efforts dépensés pour arriver au résultat final que 10,000 personnes admirent chaque jour depuis sept mois.

Lorsque M. Eugène Péreire se fut assuré le concours de Nénot comme architecte et qu'il eu la parole de Poilpot de rendre tangible l'irréalisable — du moins jusqu'à ce jour — il se dit: ce n'est point suffisant, tant il est vrai que l'homme est insatiable, et il voulut une histoire vivante et complète des transatlantiques, de là à l'exécution des onze Dioramas du rez-de-chaussée il n'y avait qu'un pas, le temps de courir chercher de nouveaux collaborateurs, M. Péreire n'était pas homme à reculer devant ces nouvelles difficultés d'exécution.

Le premier Diorama nous montre le fumoir de première classe de la *Touraine*, et le second la salle à manger de première classe de la *Champagne*, où l'on tient facilement 350 personnes à tables ; ces deux tableaux sont l'œuvre de M. Hoffbauer.

Les Chantiers de Penhoët qui se trouvent à l'embouchure de la Loire sont rendus fidèlement par M. Motte ; puis viennent la vue du port d'Alger, par M. Montenard ; le grand escalier et le salon de conversation de la Champagne, par M. Hoffbauer ; l'entrée de la Bourgogne dans le port de New-York, avec, en même temps, au fond de l'horizon, la Liberté éclairant le monde.

Rien de pittoresque et d'amusant comme le carré de voyageurs de troisième classe sur la Champagne, dû à la collaboration de MM. Poilpot et du Paty.

Le port de Marseille, tout ensoleillé, nous est présenté par M. Montenard avec une rare hardiesse de touche.

Voici encore M. Poilpot qui nous offre la tente des Transatlantiques au Hâvre.

Plus loin M. Motte nous donne une nouvelle vue du chantier de construction de Penhoët.

Si *la chaufferie* de la Champagne par M. Hoffbauer est incandescente, le port d'Alger est bien lumineux aussi.

Puis l'on passe par des salons, des cabines, des couloirs de vrais navires, c'est une joie et une révélation pour plus d'un parisien casanier.

Que si l'on me demandait pourquoi je parle de tout cela à la vapeur, je répondrais : parce qu'il me faudrait 600 pages pour en parler sérieusement, en détail ; encore une fois on va voir ce panorama, ou plutôt ce groupe de panoramas, c'est une leçon de choses à nulle autre pareille, mais on ne peut guère en faire qu'une pâle description.

M. Eugène Péreire, quand il s'est embarqué

— sans jeu de mot — dans cette entreprise, a d'abord voulu faire un panorama, puis un monument primesautier, puis enfin une histoire de la compagnie Transatlantique, il s'y est si bien pris, il s'est entouré de tant de collaborateurs illustres ou simplement de grand mérite, qu'il est arrivé de fil en aiguille à présenter au public une page magistrale de l'évolution industrielle et commerciale de la France dans les dernières trente années.

Décidément cet homme aimable qui chasse de race est un incomparable professeur de géographie commerciale, il a eu pendant cet été des élèves volontaires par centaines de mille et pas un ne s'est plaint du maître ou de la leçon !

J'en parle en homme du métier, moi, mon cher Monsieur Péreire, eh bien, vous ne sauriez croire combien je regrette de n'avoir point ainsi un panorama dans ma poche à chacun de mes cours ; ma tâche serait singulièrement simplifiée et mes élèves beaucoup plus savants!

LA BAIE

DE

RIO-DE-JANEIRO

LA BAIE DE RIO-DE-JANEIRO

On sait que cette baie offre un coup d'œil admirable et qu'elle constitue une des plus grandes merveilles de l'Amérique du Sud. Malheureusement tout le monde n'a pas les moyens de faire de longs voyages, voilà pourquoi nous pensons qu'il est intéressant de faire à peu de frais celui que nous offre en ce moment le Panorama de l'Avenue de Suffren.

Aussi bien il mesure 115 mètres de circonférence sur 14m 50 de haut et donne l'illusion la plus complète qui se puisse imaginer, grâce à la magie des pinceaux — ils sont deux — de Victor Meireilles de Lima, un artiste brésilien, et de H. Langerock, un belge.

La palette du second est plus chaude, elle a peint la baie, la première a peint les montagnes avec une sincérité plus grande encore, et de ce mariage artistique, en somme, est sorti un véri-

2

table chef-d'œuvre tout vibrant de vie — de cette vie intense des pays chauds où le murmure de la mer se confond si harmonieusement avec le chant des oiseaux aux mille couleurs.

En escaladant la dernière marche, la baie présente à nos yeux éblouis ses 140 kilomètres de circonférence, entourée par une ceinture de montagnes bleuâtres qui se perdent à l'horizon.

Nous nous trouvons sur une colline, au milieu de la ville commerçante, soit un tiers environ de la capitale du Brésil ; les deux autres tiers, qui forment les quartiers riches, sont masqués par la *Gloria* et par la *Santa Thérésa*. Je crois bien que cette grande capitale de 600,000 habitants, coupée en deux par une chaîne de montagnes, ce qui, d'ailleurs, la rend très pittoresque, ne peut être comparée à nulle autre au monde.

Sur un des côtés de la passe, l'œil est accroché par un bloc granitique, de 400 mètres d'élévation, *le pain de sucre*, couvert d'une superbe végétation tropicale.

La passe, large de 1,500 mètres, est divisée en deux parties inégales par un rocher sur lequel un fort produit le plus bel effet avec ses murailles blanches, c'est le *Lage*, de plus la passe est défendue de chaque côté par la forteresse de *Saint-Jean* et par celle de *Santa-Cruz*.

Au milieu de la baie, des îles au nombre de 80, des forteresses disséminées, qui jettent des taches blanches sur le fond bleu des eaux, et de l'autre côté de la baie, au pied des montagnes, des plages célèbres, *la Chapelle de Notre-Dame du Bon Voyage*, au sommet d'une presqu'île, fait bon ménage avec une forteresse.

Dans cette claire atmosphère des tropiques, on voit distinctement les maisons de l'autre rive, à 28 kilomètres.

C'est un spectacle enchanteur, les forteresses mêmes ne semblent mises là que pour la joie des yeux, tant toute idée de batailles est loin de l'esprit sur cette terre hospitalière.

A nos pieds, plus près de nous, c'est la ville commerçante tout entière, *la Promenade publique*, la tour noire de *la Chapelle de la Caserne*, *l'Eglise de Saint-Sébastien*, patron de la ville ; puis *l'Observatoire Impérial*, *le Morne du château* (Morro do castello), le berceau même de Rio-de-Janeiro, *le Lycée des Arts et Métiers*.

Plus loin, les églises foisonnent : *Saint-*

Joseph, la *Chapelle Impériale*, le *Mont-Carmel*, *Sainte-Croix* des militaires, *la Lapa*, sont autant de points de repaire.

La Douane, la Poste et la nouvelle Bourse forment trois masses imposantes, non loin du port ; là, l'animation est extrême, la vie déborde, c'est Londres, c'est la cité sous un beau soleil, de la gaieté, et un cadre féerique en plus, toutes choses inconnues sur les bords de la Tamise.

Il suffit de savoir qu'il entre environ 5,000 navires dans la baie, et que le Brésil est de plus en plus le premier pays producteur de café du monde entier pour comprendre tout ce mouvement.

L'île des *Cobras* se dresse en face, couverte par un hôpital et une caserne et renfermant des cales sèches taillées en plein roc pour la réparation des navires.

En avançant sur la gauche, un dôme en marbre, entouré de huit statues colossales, se détache sur l'horizon : c'est celui de la *Chandeleur* (Candelaria), la plus grande église de Rio.

Tout au fond de la baie, la *Montagne des Orgues*, profile dans le ciel ses tuyaux cyclopéens ; l'un d'eux, *le doigt de Dieu*, a simplement 1,200 mètres d'élévation.

Tout auprès se trouve *Pétropolis*, perdue dans l'horizon supérieur des montagnes et où l'Empereur passait l'été ainsi que les gens riches de la capitale ; à côté, *Thérésopolis*. Ces deux villes enchanteresses jouissent d'un climat délicieux, grâce à leur altitude, en pleine montagne, à deux pas de la baie; ce sont les *Cotterets* de Rio-de-Janeiro.

Ça ne fait rien, le machiniste qui a organisé tout cela était joliment fort et possédait un bon goût supérieur.

Appelez le Dieu, destin, hasard ou nature, ça m'est égal, mais je suis heureux de lui payer ici un juste tribut d'admiration.

Plus loin encore, quatre églises, nous ne sommes pas en pays d'origine portugaise pour rien : passons.

L'*Ecole polytechnique*, le théâtre de *San-Pedro d'Alcantara* qui contient 15,000 places et où Sarah Bernhardt a fait entendre sa voix d'or en 1886 — cliché consacré probablement parce qu'elle se fait payer fort cher.

Au milieu de la *Place de la constitution*, la statue équestre de *Dom Pedro Ier*, le père du dernier empereur, produit un excellent effet; c'est Louis Rochet, un sculpteur français, qui a

exécuté ce joujou de 55,000 kilog. de bronze, ce
qui fait que je suis aussi fier devant elle que
devant la colonne !

A côté, l'*Académie des Beaux-Arts*, quartier très
commerçant, plein de mouvement et de Français — serait-ce synonyme par hasard ? à
l'étranger, peut-être bien, puisque ce sont les
plus *débrouillards* qui s'en vont — les tramways
circulent et, du haut de notre éminence, nous
avons presque envie de héler une tête de
connaissance sur l'impériale, mais les mules
filent un train d'enfer et ne nous en laissent pas
le temps, les tramways sont très populaires à
Rio et l'Empereur lui-même ne dédaignait pas
parfois d'y monter.

Le *Trésor national*, le *Ministère de l'Intérieur*, le
Muséum national, le *Parc de la place de l'Acclama-
tion*, le plus grand et le plus beau de la ville,
dessiné par un Français, M. Glaziou, la *Gare
centrale du chemin de fer Dom-Pédro II*, la *Monnaie*,
le *Palais du Sénat*, les *Télégraphes*, les *Pompiers*,
etc., défilent sous nos yeux, mais je m'arrête,
ne voulant pas avoir l'air de faire une concurrence déloyale à mon aimable confrère Joanne.

L'usine à gaz éclaire la ville d'une manière
incomparable, nous tournons le dos à la baie

en ce moment, les montagnes se dressent devant nous, proches, et derrière se trouvent les deux tiers de la ville, la partie haute aristocratique, *San-Christovam* où habitait l'Empereur.

Des viaducs, des aqueducs semblent sortir de la montagne, les tramways s'y engouffrent et en cinq minutes des chemins de fer à crémaillière vous ont conduit dans l'autre partie de la capitale, cachée à nos yeux.

Je vous jure, lecteurs amis, qu'il faut voir ce panorama, cette baie unique au monde, ce climat délicieux, cette atmosphère chaude, ensoleillée et vibrante des mille chants des oiseaux les plus rares, ce fouillis, ce chaos, cet entassement d'églises, de palais, de montagnes, tout cela est là vivant, tangible, palpable devant vos yeux et vous n'avez plus besoin de les fermer pour évoquer quelque rêve paradisiaque; à quoi bon quand la réalité est supérieure au rêve !

Rio-de-Janeiro possède toutes ces merveilles, elle en possédait dernièrement une plus grande encore :

Un empereur intelligent et honnête, ce qui est vraiment extraordinaire, mais hélas il avait un gendre tripoteur et insolent comme tous les d'Orléans, ça la perdu. Elle possède un marché de premier ordre et un outillage qui va chaque jour se perfectionnant, le temps n'est pas loin où ses 600,000 habitants auront doublé.

Alors ce sera l'une des villes les plus riches de l'univers, à coup sûr, elle en restera toujours la plus pittoresque et la plus poétique.

Le Panorama de MM. Victor Meirelles de Lima et H. Langerock a reçu une médaille d'or à la distribution des récompenses de l'exposition universelle, nous en sommes heureux pour notre part.

La colonie brésilienne de Paris, si sympathique à tous égards, peut se montrer fière de son beau pays et de ses habiles interprètes, ce n'est point nous qui y contredirons, surtout maintenant que nous comptons une sœur de plus dans la jeune et vaillante République, en la personne de laquelle nous sommes heureux de saluer l'aurore des temps nouveaux.

LES CHUTES

DU

NIAGARA

LES CHUTES DU NIAGARA

Puisque le Panorama du Niagara fait courir tout Paris en ce moment, il faut en parler ; c'est de l'actualité géographique, au premier chef, et puis l'illusion est si complète, le rendu si saisissant, que nous allons, si vous le voulez bien, faire ensemble un voyage circulaire — c'est bien le mot — dans ce coin le plus pittoresque de l'Amérique du Nord.

On sait que le Niagara sert de frontière au Canada et aux États-Unis ; commençons par la rive canadienne, c'est-à-dire par la gauche.

Dans le lointain un massif imposant de vieux bâtiments, surmonté d'un dôme trapu et tronqué, c'est le couvent de la Lorette qui est en même temps un pensionnat de jeunes filles ; voilà, certes, des enfants élevées dans le cadre le plus poétique qui soit au monde.

Derrière ces talus, on aperçoit le Michigan

central allant de Chicago à New-York et qui
passe sur le territoire canadien ; le poteau blanc
indicateur montre exactement l'endroit où tous
les trains s'arrêtent un quart d'heure pour
permettre aux voyageurs d'admirer le spectacle
grandiose des chutes.

Un peu sur la droite, au-dessus et non loin
de la grande chute, la tour du Prince de Galles,
élevée lors du voyage du Prince, en 1860, pour
lui permettre de jouir d'une vue d'ensemble du
fer à cheval ; cette tour, à quatre pans coupés
en forme de cône tronqué, rappelle exactement
les innombrables tours semblables que l'on
voit au-dessus des puits pétrolifères, autour de
Oil-City aux Etats-Unis.

En descendant de quelques cents mètres, on
arrive à *Prospect House*, l'hôtel qui se trouve
devant la chute même, il est surmonté d'une
vaste terrasse d'où le coup d'œil est admirable ;
c'est là où logeaient MM. Philippoteaux et
Schulz, les deux peintres du Panorama, qui
ont pris tous leurs croquis et exécuté tous leurs
dessins sur place.

La trépidation provoquée par les chutes est si
forte là, que la nuit on danse dans son lit
absolument comme à bord d'un paquebot, mais
on s'y habitue rapidement.

Devant l'hôtel, une niche basse en pierre, au bord de l'abîme, indique le fameux chemin de fer à câbles qui descend à la chute. Les courageux mettent un costume *ad hoc* et pénètrent sous la chute avec des guides, pendant 12 à 15 mètres ; on a devant soi une muraille d'eau de 5 mètres d'épaisseur qui tombe avec un bruit terrifiant, et c'est à peine si l'on peut se tenir le long des parois gluantes ; ce voyage infernal — l'enfer de l'eau — n'est donc pas exempt de danger.

Il y a quelques années, mon vieil ami Fréchette, le grand poète canadien, entreprenait le fameux voyage sous-eau ; à côté de lui plusieurs jeunes Yankees allaient en faire autant, laissant leurs familles sur la rive ; au moment de descendre, la sœur de l'un d'eux lui mettant tout doucement la main sur le bras :

— Et ta montre ?

— C'est vrai, et tranquillement le jeune homme remit sa montre et son porte-monnaie à sa sœur.

Ce trait, que j'ai tenu à rapporter, peint toute entière cette forte et vaillante race, si pratique.

Remarquez que le frère, mort, la jeune fille l'aurait pleuré de tout son cœur, mais à quoi

3

bon, par une fausse sentimentalité, perdre encore la montre !

Nous sommes donc en face de la grande chute canadienne, connue sous le nom de fer à cheval (*Horse schoe*); elle a 670 mètres de longueur en suivant la courbe, et 86 mètres de hauteur ; elle tombe, avec un bruit de tonnerre, sur une épaisseur d'eau de 3 à 5 mètres, c'est grandiose et c'est épouvantable tout à la fois ; au milieu, une légère dépression, à l'œil nu, indique cependant un creux de 38 mètres de profondeur qui s'est produit, dans ces dernières années, sous les effets de l'érosion de l'eau.

Devant la chute tonitruante, un nuage de vapeur d'eau s'élève vers le ciel, troué souvent par l'arc-en-ciel, ce qui en fait un spectacle véritablement inoubliable dans sa majestueuse et sereine grandeur.

Là-bas, au fond, au pied même de la chute, suspendu sur le gouffre, fouetté par la blanche écume, inondé par la brume translucide, un petit steamer conduit les touristes aussi près que possible du pied de la chute.

Le Niagara n'est qu'une transition courte, de quelques lieues, ce que les Canadiens appellent un *portage* ; les eaux viennent du lac Erié et vont bientôt tomber dans le lac Ontario, la différence du niveau d'un lac à l'autre est de 130 mètres.

Entre la chute canadienne et la chute américaine se trouve l'Ile de la Chèvre *(Goat island)*, au milieu un escalier au flanc de l'Ile conduit à de petits ponts établis devant la chute américaine.

Derrière la chute du centre, appelée *Voile de la mariée*, à cause de sa blancheur éblouissante, se trouve la Grotte des Vents où l'on pénètre par un des petits ponts en question ; la puissance du vent, activée par la chute des eaux, y est véritablement stupéfiante ; les Etats-Unis ont transformé l'île en parc.

Nous arrivons à la chute américaine qui n'a que 55 mètres de hauteur et 300 mètres de large — une vétille auprès du fer à cheval, mais dont cependant nous nous contenterions encore volontiers au Bois de Boulogne.

A un demi-kilomètre environ en arrière, nous apercevons des constructions neuves et élégantes, c'est la ville de Niagara qui compte de 4 à 5,000 habitants, mais qui grandit rapidement à l'heure actuelle, tout le terrain entre la ville et la chute a été également converti en parc par les Américains, ce qui est une excellente idée, car il importait de ne pas détruire l'effet grandiose des chutes, en laissant établir des hôtels tout autour.

En descendant le courant à droite, toujours sur la rive américaine, d'importantes fabriques utilisent des dérivations qui retombent en cascades neigeuses sur la grève ; on trouve là une brasserie, une meunerie, une papeterie, etc., en pleine activité et qui ont la force motrice pour rien, tel chez nous à Bellegarde, par exemple.

Nous quittons encore une fois la rive américaine pour repasser, à moins d'un kilomètre, au-dessous des chutes sur un pont d'une portée de 395 mètres sur la rive canadienne ; il y a, à cet endroit, 62 mètres de profondeur d'eau, et c'est là que Blondin a fait sa fameuse traversée sur la corde roide. Le capitaine Weeb a péri dans les rapides 4 ou 5 kilomètres plus bas ; un petit diorama spécial nous montre l'endroit précis qui est d'une sauvagerie et d'une grandeur admirable.

Je reviens à mon voyage circulaire : donc, au bout du pont, sur la rive canadienne, je me trouve en face de *Clifton house*. Inutile de dire que les voitures passent sur ce pont et que l'on est à deux pas, derrière soi, de la première rue de Niagara, les communications sont très faciles, et c'est à peine si les chutes sont à 1,000 mètres de nous en remontant.

Clifton house est le plus grand hôtel de la rive canadienne, et les sommiers n'y dansent pas comme à *Prospect house*.

Il reste trois maisons sur la rive canadienne, y compris ces deux hôtels et le couvent de La Lorette, car le Gouvernement canadien a transformé toute sa rive en un parc immense, comme les Etats-Unis; mais un peu plus loin, de l'autre côté de *Clifton house*, on a créé une ville superbe qui fait pendant à Niagara.

J'ajouterai, pour ceux de mes lecteurs qui voudraient y aller, ce qui est bien facile aujourd'hui, que nous sommes, aux Chutes, à 510 milles de Chicago, à 450 milles de New-York, à 509 milles de Boston, à 442 milles de Philadelphie et à 26 milles seulement de Buffalo, — ville chère à tous les gamins parisiens, depuis que le beau colonel Cody l'a mise à la mode.

Derrière nous, entre les deux hôtels, la forêt canadienne, immense et belle comme toutes les forêts canadiennes.

Maintenant que nous avons terminé ce voyage en 80 minutes — l'admiration vous retient bien ce laps de temps devant la toile immense — j'ajouterai que MM. Philippoteaux et Schulz sont arrivés à nous faire admirer tout cela sur une petite toile qui ne mesure que 115 mètres de tour sur 15^m 70 de hauteur !

Que de coups de pinceaux, mes enfants, c'est-à-dire que l'esprit en reste confondu !

Sur la rive canadienne, le monument que vous voyez derrière *Prospect house* est un *Musée*, et l'élévation même sur laquelle nous nous trouvons, représente le belvédère de la bibliothèque du *Museum*.

A nos pieds, des fleurs, des arbres qui tremblent sous le vent, la route, le long du Niagara, couverte de voitures, de babys roses, de jeunes femmes, une nourrice noire accroche l'œil à côté des toilettes aux couleurs crues.

Tout cela grouille, vit et vous empoigne. Non, décidément, nous ne sommes plus à Paris, nous sommes bien sur la rive canadienne, au milieu de nos frères de là-bas.

— Mais pourquoi, disais-je à Schulz qui me faisait les honneurs de sa toile, n'avez-vous pas pensé à imiter le bruit et la trépidation du fer à cheval ?

— Nous y avons pensé, mais l'effet produit ne répond pas du tout à la *nature vraie*, que l'on n'imite pas, quand elle a des proportions aussi colossales.

— C'est juste.

Et maintenant, permettez-moi de terminer par un mot d'enfant bien typique, et qui est le meilleur éloge que l'on puisse faire de ce tableau immense.

Mon neveu, qui a six ans, et ma nièce cinq ans, me suivaient ; la visite terminée — longue et minutieuse :

— Eh bien, Maurice, que penses-tu de ce tableau ?

— C'est épatant !

— Et toi, Suzanne ?

— Mais, mon oncle, ce n'est pas un tableau, tous ces gens-là sont vivants !

La vérité sortant toujours de la bouche des enfants, mes chers maîtres, cette enfantine illusion doit vous combler de joie, car elle prouve que vous avez atteint le but poursuivi, avec, dans le cœur, dans l'esprit, dans la tête, l'obsédante vision de la vie et de la réalité !

LE PÉTROLE

ET LES

GRANDS CENTRES PÉTROLIFÈRES

3.

Puits abandonné
Chibaeff et Cº
Conduite de tuyaux
du réservoir de naphte.
Installation Nobel frères.
Village de Balakané
Fontaine de naphte en feu. Puits jaillissant. Puits de la Soci
Station de pompage
de la Société de Bakou. Réservoirs de naphte.

Fontaine de naphte en feu. Puits jaillissant. Puits de la Société commerciale et industrielle de naphte Incendie d'un bassin de naphte.
Station de pompage Réservoirs de naphte. mer Caspienne et mer Noire Route de Mochtaghi. Flaques de naphte.
le la Société de Bakou. (Société Bnito)

BALAKANÈ, PRÈS BAKOU (Caucase)

lle de naphte Incendie d'un bassin de naphte. Village et station de chemin de fer Conduite de tuyaux
Route de Mochteghi. Flaques de naphte. de Sabountchy. allant à Bakou
(80 kilomètres).

Puits jaillissant   Smith farm   Route de Canons
(Flowing well)   à Washington

Route de Canonsburg
à Washington.

Réservoirs à pétrole
(Ewings mill).

Chartiers

| Réservoirs à pétrole (Ewings mill). | Chartiers railroad | Station de remplissage des wagons-citernes (Ewings mill). | Station de Pipe-Lines (Ewings mill) |

LE PÉTROLE
ET LES GRANDS CENTRES PÉTROLIFÈRES

—

Pour continuer ma petite revue *circulaire* de l'Exposition, je dirai maintenant quelques mots du panorama du pétrole, qui se trouve sur le quai, au bas du pont d'Iéna.

Il est logé dans un réservoir d'une contenance de plus de vingt mille hectolitres qui, après l'Exposition, sera édifié dans l'usine de la *Luciline*, à Rouen-Quévilly.

Le panorama peint par M. Poilpot est divisé en deux parties et représente les principaux gisements pétrolifères des Etats-Unis et de la Russie.

Le spectateur, placé sur la toiture d'un réservoir à pétrole, n'a qu'à suivre la balustrade pour jouir d'un spectacle, non pas grandiose, comme dans les grands panoramas dont j'ai déjà parlé, mais bien des plus instructifs.

Commençons par l'Amérique : Le pétrole brut est extrait à l'aide de puits artésiens, forés, soit à la corde, soit à la tige en bois, jusqu'à des profondeurs qui varient de 900 à 1,800 pieds.

Ces puits sont jaillissants (*flowings wells*) ou sont exploités par la pompe (*pumping wells*).

Au-dessus de chaque puits se trouve le *derricks*, grand échafaudage en bois à jour, qui sert à la manœuvre de la corde et des outils de forage, mis en mouvement par des machines à vapeur.

Le liquide extrait, soit par la pompe, soit par la pression naturelle du gaz, est envoyé dans de grands réservoirs en fer qui atteignent parfois des dimensions colossales.

Le pétrole sort de ces réservoirs pour aller sur les ports du littoral : New-York, Philadelphie, Baltimore, pour alimenter les raffineries des Etats-Unis ou de l'Europe.

On connaît la perfection de ces transports qui se font, soit par des wagons-citernes, soit par des pompes et des lignes de tuyaux.

A l'heure présente, ces tuyaux (*pipes lines*) suivent les vallées, franchissent les rivières, escaladent les montagnes et représentent un développement de plus de 12,000 kilomètres.

Les pipes-lines ont des stations intermédiaires avec des réservoirs qui représentent une contenance de plus de soixante millions de barils.

A New-York, à Philadelphie, nous retrouvons pour le pétrole le système perfectionné, pratique, économique et admirable, disons le hautement, des *Élévateurs* pour le blé, c'est-à-dire des docks d'embarquement immenses qui permettent d'y accumuler les stocks d'huile destinés à l'exportation et de l'expédier sur l'heure en barils, en caisses ou en navires-citernes (tanksteamers) sur tous les ports du globe.

L'étendue des régions pétrolifères dans l'Amérique du Nord est énorme et elle s'étend tous les jours ; aujourd'hui le nombre des puits forés est supérieur à 25,000.

Le panorama que nous avons sous les yeux représente le nouveau district de Washington (Pensylvanie).

Les collines verdoyantes, d'une tonalité douce et légèrement estompée, offrent l'image de la richesse et de la prospérité ; elle nous rappellent tout à la fois certains coins de la Normandie et de la Nouvelle-Calédonie, avec un côté peut-être un peu moins sauvage.

Les Derricks pour le forage et l'extraction de

l'huile se dressent drus et serrés et profilent leurs dentelles de bois à l'horizon ; on croirait volontiers que la tour Eiffel a laissé là des millions de petits... tout petits !

Ici de grands réservoirs présentent leurs ventres ronds, là des stations de pompes pour le refoulement dans les pipes-lines et des trains de wagons-citernes parcourant le pays.

Des paysans, de cette belle et vaillante race américaine, rentrent tranquillement chez eux en conduisant leur charrette, à peu près semblable d'aspect et de mise à nos paysans.

En somme, c'est l'image de la vie, de la grande industrie au milieu d'un cadre enchanteur ; ce que l'on constate à chaque pas en s'enfonçant sur les territoires de la grande République.

Nous voici en face de la seconde vue panoramique, en face de Balachané, prés de Bakou, dans la presqu'île d'Apcheron, sur les bords de la mer Caspienne, au Caucase.

Spectacle tout différent, désolé, horizon jaune, sol jaune, lointains brumeux où les montagnes s'estompent dans la brume avec des tons chauds et mourants tout à la fois d'ors salis.

Spectacle grandiose, triste et attachant en

même temps. C'est une autre civilisation, mais aussi curieuse à étudier, si l'on songe aux difficultés vaincues, sans cesse renaissantes.

Cet immense plateau qui se déroule sous nos yeux couvre un espace de 25 kilomètres de côté, c'est là où se trouvent réunies toutes les exploitations de Naphte.

Comme en Amérique, l'extraction s'y fait à l'aide de puits artésiens, mais la nature des terrains traversés commande l'emploi de tubes de grand diamètre et le forage ne peut se faire qu'à l'aide de tiges de fer et de trépans d'un poids considérable.

Ce district pétrolifère de Bakou, relativement petit, est cependant d'une richesse étonnante, si étonnante, qu'il faut bien que j'enregistre ici un fait économique bien connu, mais bon à retenir : il y avait trop de pétrole, on était trop riche, on le vendait comme 4 centimes environ les 10 litres, on ne pouvait donc l'exploiter, le jeu n'en valait pas la chandelle.

Maintenant, les premières difficultés de main-d'œuvre et de prix de revient trop élevés pour un prix de vente trop bas, ont été en grande partie résolues par les gros capitaux engagés et par l'installation d'un outillage aussi perfectionné que possible.

Les puits sont très rapprochés et contrairement à la production des puits d'Amérique, ils donnent d'énormes quantités de Naphte, qui est, comme l'on sait, un liquide bitumeux plus dense que le pétrole. La production d'huile éclairante qu'il renferme est de deux tiers moins riche que l'huile brute de Pensylvanie.

Le liquide parfois s'élance à des hauteurs prodigieuses, en face de nous se trouve une de ces fontaines jaillissantes, qui sont souvent de véritables fortunes pour leur propriétaire, quand elles ne causent pas, toutefois, d'irréparables désastres.

La vue d'une de ces fontaines produit une impression inoubliable et stupéfiante : le naphte projeté par la pression des gaz souterrains entraîne avec lui le sable et les roches, brisant tout sur son passage, retombant tout autour, au loin, emporté par le vent, enlisant sous des monticules de sables et de débris de rochers les exploitations voisines, y compris les pompes, les machines et toutes les installations.

Le naphte coule ainsi pendant de longues semaines, formant des ruisseaux qui se creusent un lit à travers les sables, allant jusqu'aux bas-fonds où ils créent de véritables lacs.

C'est alors que l'on met en usage des instruments spéciaux appelés *calpats* et avec lesquels on arrive souvent à maîtriser les fontaines, à les capter en un mot, pour en tirer le liquide au fur et à mesure des besoins de l'exploitation.

Trop souvent aussi ces fontaines jaillissent tout-à-coup pendant le forage d'un puits et s'enflamment au contact des chaudières à vapeur voisines que l'on n'a pas eu le temps d'éteindre.

C'est précisément ce que nous voyons au milieu du panorama, et ce qui constitue un des spectacles les plus grandioses et les plus terrifiants qu'il soit donné à l'homme de contempler. C'est une subite et fondroyante irruption de l'enfer au milieu de ces contrées déjà stérilisées par le naphte.

Le terrible liquide sortant constamment de l'orifice du puits, alimente sans cesse le feu qui prend alors des proportions que la plume est impuissante à décrire ; il est inutile de chercher à éteindre le feu, ce serait peine perdue.

A la hâte, on réunit des armées de Tartares pour protéger à l'aide de digues de sables les exploitations voisines.

Ces incendies fabuleux durent parfois pendant des mois ; les Tartares sont là qui veillent, campés autour de leur redoutable adversaire : le feu.

Lutte sans merci, faite toute de patience, de ténacité et de flair et qui met bien en pleine lumière les fortes qualités de la race moscovite qui demeure là en sentinelle perdue, mais invincible, de la civilisation.

Les lacs de naphte prennent également feu, des torrents de flammes et de fumées s'élancent des bassins immenses pour la terreur des yeux et non plus pour leur plaisir, comme dans Michel Strogoff.

Les fontaines lumineuses ne sont que de la Saint-Jean à côté de ces fontaines jaillissantes embrasées, vomissant du sable et des rochers.

Certaines de ces fontaines jaillissantes ont donné pendant des mois jusqu'à 30 et 40,000 barils de naphte par jour, ce qui donne une idée de la puissance de la nappe souterraine.

On opère l'extraction à l'aide de longs sceaux (*jélonka*) munis d'une soupape inférieure et dont le mouvement de descente et d'ascension dans le puits est produit par une machine à vapeur.

Le naphte est envoyé dans un réservoir où

il dépose les sables entraînés, puis ensuite il est pompé dans de grands réservoirs.

Son transport à Bakou, où il alimente les innombrables raffineries de la Ville Noire, s'opère de la même manière qu'en Amérique, soit par des lignes de pipes-lines, soit par des wagons-citernes.

On sait que les sous-produits du pétrole et du naphte sont aussi précieux que ceux du charbon de terre ; du reste, il suffit de jeter un coup-d'œil sur la merveilleuse exposition de MM. Deutsch, au pont d'Iéna, pour en être convaincu. Disons à ce propos que l'un deux, M. Henri Deutsch, qui passe à juste titre pour l'un des industriels les plus entreprenants et les plus audacieux de ce temps, vient d'être nommé chevalier de la Légion d'honneur, ce qui n'est que la juste récompense de ses efforts patriotiques pour maintenir la France à la tête de cette grande et fructueuse industrie pétrolifère, si rémunératrice avec ses innombrables sous-produits, utilisés dans le commerce parisien.

Les produits raffinés, kérosène et huile de graissage extraits du naphtol dans les établissements de la Ville Noire, sont dirigés, soit en

Russie par le Volga, soit à Batoum par le chemin de fer Transcaucasien.

Là ils sont mis en caisses ou chargés en tanksteamer et filent sur les ports du continent, de la Méditerranée ou de l'Extrême-Orient.

Voici d'ailleurs, d'après mon ami Fernand Hue, le tableau de la production approximative des exploitations de pétrole sur tous les points du globe, évalués en barils de 160 litres.

Il est vrai que ce sont là des chiffres qui remontent à deux ans environ, cependant restés vrais dans leurs grandes lignes, je pense qu'ils complèteront utilement ce que j'ai dit plus haut :

AMÉRIQUE DU NORD

Canada. — Environ 200 puits ; production annuelle, 900,000 (1).

Etats-Unis. — 25,000 puits ; production annuelle, 40,000,000.

AMÉRIQUE DU SUD

Trinité. — Pas d'exploitations régulières.

(1) Le Canada a produit en 1888, 733,564 barils de pétrole raffiné, ce qui représente environ 25,000,000 de gallons d'huile crue.

Vénézuéla. — Pas d'exploitations régulières.

Pérou. — Exploitations régulières récentes ; production annuelle, environ 300,000.

Bolivie ; République Argentine. — Pas d'exploitations régulières.

AUSTRALASIE

Nouvelle-Zélande. — Pas d'exploitations régulières.

Australie. — Exploitations régulières récentes, environ 80,000.

Archipel asiatique. — Pas encore d'exploitation.

ASIE

Japon. — Près de 2,000 puits ; production annuelle, 34.143.

Chine et Formose. — Production inconnue.

Birmanie. — Nombre de puits inconnu ; production annuelle, 1,000,000.

Indes anglaises. — Pas d'exploitations régulières.

Région Transcaspienne. — Un seul puits connu? production annuelle, 116,250.

EUROPE

Roumanie. — 1,200 puits; production annuelle, 125,000.

Galicie. — Nombre de puits inconnu ; production annuelle, 5,000,000.

Allemagne. — Environ 200 puits ; production annuelle, 300,000.

Italie. — Production insignifiante.

France. — Exploitations régulières à peine commencées.

RÉGION DU CAUCASE

Bakou. — 600 puits creusés ; 150 exploités ; 450 irrégulièrement exploités à cause de leur faible rendement, c'est-à-dire parce qu'ils donnent moins de 1,000 pouds.

Production de 1886 : 135,000,000 de pouds environ. Production de 1887 : 16,500,000 barils, c'est-à-dire 165,000,000 de pouds ; 44,000,000 de pouds de produits distillés ou raffinés ; 20,000 pouds de kir ; nombre d'ouvriers employés : 4,000.

Caucase. — 250 puits ; production annuelle : 50,000 barils.

A propos de la France, disons que l'on commence à s'occuper sérieusement des gisements pétrolifères de l'Algérie, d'Autun, de l'Auvergne, de la Savoie et de l'Hérault.

Quant aux gisements de l'Alsace, on sait

qu'ils ont été reconnus, dès 1735, par le docteur
L. Bel et qu'ils fournissent une huile de première
qualité pour le graissage des machines.

J'ai reçu un certain nombre de lettres de
personnes qui ont la bonté de suivre mes tra-
vaux d'économie industrielle, renfermant toutes
la même question :

« Comment se fait-il que la production du
pétrole soit chaque jour plus grande et qu'il
soit toujours si cher, tandis qu'en Belgique,
par exemple, on le vend de 20 à 30 centimes le
litre ».

La réponse est facile ; si d'un côté la consommation augmente, il est certain qu'elle n'augmente pas dans la proportion de la production.
Depuis vingt ans, le pétrole et l'essence minérale, qui vaut cinq centimes de plus par litre,
ont passé de 1 franc et 1 fr. 10 à 70 et 75 centimes
le litre dans Paris et 45 et 50 dans la banlieue.

Si nous les payons plus chers que les Belges,
cela tient aux droits de douane et d'octroi.
Ainsi, 25 centimes de droits d'entrée par litre, sur
une huile de première nécessité pour le peuple,
dans Paris même, n'est-ce pas exagéré ?

On peut se faire une idée de l'importance
énorme de cette industrie pétrolifère par ce qui

précède, ses applications sont chaque jour plus nombreuses ; les carburateurs, avec les différents appareils d'éclairage, de chauffage et de force motrice qui utilisent l'air carburé ne se comptent plus, et même, dans ces derniers temps, l'éminent ingénieur-électricien Georges Nouvelle vient de trouver le moyen de transformer directement le pétrole ou l'essence minérale, qui n'est que du pétrole rectifié, en gaz, dans la lampe elle-même, à l'aide d'un appareil aussi simple qu'ingénieux.

Les moteurs au pétrole se popularisent chaque jour, on peut fabriquer le gaz chez soi, à la campagne, à bon compte, avec le précieux liquide, et je crois ne faire qu'une constatation qui est dans l'esprit de tout le monde en affirmant désormais que le pétrole, avec ses sous-produits, occupe la première place à côté de la houille dans les légitimes préoccupations de l'industrie contemporaine, l'huile de pétrole a accompli dans l'éclairage une révolution égale à celle accomplie dans la consommation de table et les Industries marseillaises par l'huile d'arachide.

Une seule ombre à ce tableau lumineux : la Ville de Paris, en imposant l'éclairage des classes ouvrières de 25 centimes par litre, est vraiment trop dure.

A MM. les conseillers municipaux d'aviser au commencement de l'hiver.

JÉRUSALEM

JÉRUSALEM

Nous sommes dans la ville sainte..... pardon, nous sommes à Montmartre, le coin le plus pittoresque et le plus poétique de Paris, la grandv'ille s'étend à nos pieds, mouvante au milieu d'un océan de maisons, au loin, dans un brouillard gris-perle translucide, la tour Eiffel émerge radieuse et splendide ; au-dessus de nous le Sacré-Cœur et le Château-d'Eau imposant de la ville.

A gauche, entre Montmartre et Belleville, s'enfonce une vallée qui a vu surgir des maisons pour 300,000 habitants depuis la guerre — tout un monde.

Quand je dis que Montmartre est le coin le plus adorable de Paris, je n'exagère rien, descendez du côté de Saint-Denis et sur le versant, pénétrez dans ce cimetière campagnard, calme, reposant, accroché aux flancs de Montmartre, dans le cimetière Saint-Vincent — une élégie en pleine capitale que bien des parisiens ignorent — et vous me direz si vous n'êtes pas de mon avis.

Aussi bien ce n'est pas de cela dont je dois parler aujourd'hui ; donc en tournant la terrasse au-dessous de l'église à gauche, rue de Lamarck, nous entrons sans plus tarder, encore les yeux éblouis par l'incomparable panorama de Paris qui se déroule à nos pieds, dans celui de Jérusalem.

A proprement parler, M. Olivier Pichat, un peintre de valeur qui a conçu et exécuté magistralement la toile, n'a fait qu'un diorama, c'est-à-dire la moitié d'un panorama, mais l'illusion est la même, ne nous plaignons pas.

En entrant, nous nous trouvons sur un tertre, au pied du mont des Oliviers ; Jérusalem, toute ensoleillée dans sa pourpre orientale est devant nous.

A droite, le mont des Oliviers qui avance pittoresquement, en forme de promontoire aérien, à gauche, le village de Siloë représenté par un groupe de maisons carrées, sans portes ni fenêtres, percées de petits trous pour laisser passer le propriétaire et un peu de lumière, avec des toits plats en terrasse, le tout à moitié enfoui dans le roc de la montagne. Comme couleur locale, c'est complet.

A nos pieds, un pèlerinage français où prêtres, religieuses et moines confondent leurs costumes avec celui des graves arabes, des turcs, des soldats à cheval, enveloppés dans leurs riches costumes, tandis que des femmes turques, voilées, blanches, assises sur les pierres des tombeaux, regardent passer la caravane qui se dirige vers le mont des Oliviers; c'est un spectacle saisissant et rendu gai par le chatoîment des costumes.

A droite, au bas de la montagne, se trouve le jardin de Gethsémané (pressoir à l'huile) autrement dit le jardin des Oliviers, où Jésus-Christ fut arrêté.

Dans ce jardin, un fragment de colonne désigne l'endroit où Judas donna son baiser maudit.

A l'est du jardin, un rocher nous montre le lieu où saint Pierre, saint Jean et saint Jacques s'endormirent malgré les instances de Jésus-Christ, ce qui prouve que la chair est faible, même chez les saints.

A droite du jardin de Gethsémané, dans la

vallée de Josaphat se trouve le tombeau de la Vierge.

Une fois pour toutes, je prie le lecteur de ne pas oublier que je raconte ce qui se trouve sur le panorama et rien de plus.

Au sommet du mont des Oliviers se trouve la mosquée du Vestige, reconstruite par sainte Hélène sur l'emplacement où Jésus-Christ serait monté au ciel après la résurrection.

Cette mosquée est la propriété des Turcs, elle est bâtie sur un rocher où l'on montre encore l'empreinte du pied de Jésus-Christ.

Derrière, au fond de l'horizon, la route de Jaffa se perd dans le lointain, tandis que sur la gauche, au fond de la vallée, un petit monument conique représente le tombeau d'Absalon, toujours d'après la légende qui est peut-être un peu tirée par les cheveux pour les besoins de la cause.

A gauche, dans le village de Siloë, on nous montre un petit temple creusé dans le roc par Salomon pour une de ses femmes qui était moabite, c'est là, paraît-il que s'élevait le palais des femmes de Salomon, un brave homme qui cherchait à passer gaîment la vie.

Au nord du village, la fontaine de la Vierge

qui venait y laver les langes de Jésus ou y puiser de l'eau.

Au loin, l'arbre où se pendit Judas, en voilà un qui a la vie dure — pas Judas, mais l'arbre, — enfin se perdant à l'horizon, la route de Jérusalem à Bethléem et un petit monument qui précise l'endroit où pleura saint Pierre.

Les pèlerins qui viennent à Jérusalem écoutent toutes ces explications avec recueillement; c'est que l'on est vraiment saisi par le côté humain et vécu de ce grand drame, attachant comme un roman; j'y reviendrai.

A nos pieds, dans la vallée qui nous sépare de la ville, la terre disparaît presque sous les pierres des tombeaux juifs; il y a des milliers d'années que ce peuple enterre ses morts à la même place, phénomène peut-être unique dans l'histoire.

Toute la vallée de Josaphat est couverte par ces pierres, vers le haut, au pied des remparts se trouve le cimetière Turc, c'est donc un cadre admirablement choisi pour la résurrection générale, au jugement dernier.

J'arrive à la ville de Jérusalem, la grande porte qui se trouve presque au milieu, s'inclinant un peu, sur la gauche est la Porte-Dorée, par laquelle est entré le Christ le jeudi de la Passion et qui depuis fut murée par les musulmans.

A droite, la porte Saint-Étienne, où le dit saint fut lapidé, toujours suivant la tradition.

A l'intérieur des remparts, dans la ville, un grand espace vide, avec, au milieu, en même temps, un grand monument polychrome qui tire l'œil, et représente l'emplacement de l'ancien temple.

Le monument actuel connu sous le nom de Coupole du Rocher, aurait été construit par l'Empereur Justinien.

Saladin et Soliman ont transformé le bâtiment primitif dont les croisés avaient fait une église.

Presque au bout de la muraille, sur la gauche, se dresse la mosquée El-Aksa qui forme aujourd'hui une basilique à sept nefs, Justinien avait élevé ce monument en l'honneur de la Vierge.

L'église du Saint-Sépulcre, où Jésus-Christ fut enterré, se trouve dans l'intérieur de la ville ; tout à côté se trouve également l'église du Golgotha, construite sur le rocher même où fut élevée la croix, les deux grandes coupoles de ces deux églises ont presque l'air de se toucher.

Autrefois tout cela se trouvait en dehors de la ville qui, insensiblement, s'est déplacée de gauche à droite, à telle enseigne que les ruines de la ville à gauche sont actuellement absolument ensevelies sous les terres.

Citons en passant le patriarcat latin, la tour blanche, désignée sous le nom de Minaret Kaoukab, l'hospice des Joannites et le grand bâtiment blanc du couvent latin de Saint-Sauveur.

Plus à droite dans l'intérieur de la ville, le Minaret Hamra se montre fièrement, et plus haut, à l'horizon, se dressent les grands bâtiments qui forment le consulat, l'hôpital et l'église russes autour desquels s'est groupée toute la colonie russe.

C'est là, à l'opposé du point où nous sommes que se trouve la porte de Damas ; à droite sur la partie en retour se trouve la porte d'Hérode.

Du même côté, en dehors de la ville se trouvent le temple protestant et l'hôpital pour les enfants arabes.

En revenant sur la gauche, à partir de l'église du Saint-Sépulcre, la tour Hippicus et la tour Phasael dessinent leurs masses carrées non loin de la porte de Jaffa ; puis viennent l'hôpital

Saint-Louis, l'église grecque, le temple protestant anglais et l'école des filles de la mission anglaise.

Beaucoup plus à gauche, une coupole nous révèle l'église Saint-Jacques des Arméniens avec le séminaire, les bâtiments et les jardins du couvent arménien. Les deux coupoles qui se trouvent au-dessous appartiennent aux synagogues des Achkénasim.

Toujours à gauche dans la muraille en retour, nous distinguons la porte de Sion.

Plus loin en dehors de la ville, sur la hauteur, se profile le faubourg de Nébi-Dâoud ; c'est dans ce faubourg que se trouvent la mosquée et le tombeau de David ; c'est là aussi que nous retrouvons l'hôpital fondé par les Rothschild et les hospices des Achkénasim.

Au-dessous, derrière la mosquée El-Aksa, se dresse le minaret des Mogrébins ou musulmans du nord-ouest de l'Afrique.

Cette rapide nomenclature donne à peine une idée du nombre des monuments qui se pressent et s'entassent dans une atmosphère toute vibrante de couleur.

Toutes les races, toutes les langues, toutes les religions de l'occident sont là ; Jérusalem est une génèse et une agonie, c'est le berceau d'un monde nouveau, le tombeau d'un monde disparu.

Nulle part ailleurs on ne saurait retrouver sur le globe cette impression d'intensité historique, si l'on peut s'exprimer ainsi.

Et puis là au milieu de l'orient, dans le pays de la légende et de la foi, on est disposé à croire, les montagnes, le cadre sont suffisamment verts pour être poétiques, Jérusalem est suffisamment léchée par le soleil pour avoir le cachet d'austérité qu'impriment en général les excès de température et qui sont comme la note voulue des lieux saints.

Et puis enfin une autre idée se dégage impérieusement pour le philosophe, d'une visite à Jérusalem et dans ses environs.

C'est l'apparition subite de la grande figure du Christ, débarrassée de toutes les obscurités dont dix-huit siècles de fanatisme clérical l'ont entourée à plaisir.

Là on le sent plus vivant au milieu des siens, plus humain, partant plus vrai, et le divin révolutionnaire nous apparaît dans toute sa majestueuse horreur des grands et des riches.

Si son œuvre n'est pas plus grande que celle

de Zoroastre ou surtout de Cakia Mouni, du moins elle nous touche de plus près, elle est tangible et nous nous prenons à méditer dans le jardin des Oliviers avec celui qui a chassé les marchands du temple et tendu la main à la pécheresse qui s'était déchirée aux ronces de la vie.

N'est-il pas curieux de voir tous ces souvenirs aux mains des Turcs et n'est-ce pas curieux de rencontrer là des échantillons de tous les peuples de la terre ?

Aujourd'hui, la ville, bien réduite, ne compte guère que 15,000 habitants et ses monuments seuls peuvent encore donner l'illusion d'une grandeur qui n'est plus.

Jaffa est à côté, la mer Méditerranée est proche et l'on fait aujourd'hui le voyage facilement et à assez bon compte en moins de deux mois, aller et retour.

Il y a loin de cela aux Croisades et maintenant tout le monde peut aller voir les lieux illustrés par un Dieu de paix et plus tard par le Dieu de la guerre, par Napoléon, ce grand faucheurs d'hommes.

Un dernier regard sur ce lumineux panorama de Jérusalem et de nouveau nous voilà dehors avec Paris à nos pieds ; le jour baisse, la tour Eiffel est toujours baignée dans une brume gris-perle translucide, mais le soleil a estompé la brume elle-même de tons plus chauds, l'a trouée par place sous l'ardeur de ses baisers, Paris, la grand'ville, est resplendissante, dans sa toilette du soir, le spectacle est saisissant et tandis que le vent de l'ouest m'apporte, comme éteintes dans un murmure lointain, les dernières mesures d'une valse de Strauss qui s'envole du moulin de la Galette, je ne puis m'empêcher de dire : Jérusalem, Paris, quel contraste ! et cependant au point de vue historique, n'est-ce pas ceci qui a fait un peu cela ?

LE MONDE

ANTÉDILUVIEN

LE MONDE ANTÉDILUVIEN

Bien des gens ont reconstitué dans les livres ce monde fabuleux, depuis Cuvier, le créateur de la Paléontologie, celui qui, surtout, a fait revivre la faune des premiers âges géologiques, depuis Brongniart qui s'est consacré plus spécialement à la flore et a laissé un élève digne de lui en la personne de mon ami, le marquis de Saporta.

Mais par ce temps de vulgarisation à outrance, la foule, avide de science mise à sa portée, veut voir, savoir et comprendre et le temps des grimoires incompréhensibles, des jargons baroques et des formules hiératiques n'est heureusement plus de mise, même pour les Membres de l'Institut.

Ce besoin de s'instruire plus ou moins dans l'universalité et dans l'intégralité des connaissances humaines prouve une singulière élévation dans le niveau intellectuel des peuples modernes et restera certainement l'un des plus beaux titres de gloire de la fin du XIX° siècle.

La Paléontologie est certainement une belle science, mais le mot est aussi bien effrayant et malgré tout le désir de revivre un instant ces époques lointaines, mystérieuses et colossales, perdues dans la brume des siècles accumulés, beaucoup, pris d'une sainte terreur, restaient à la porte du sanctuaire, redoutant les lourds labeurs d'une longue initiation : la Paléontologie avait besoin d'un commentateur et d'un vulgarisateur, plus encore d'un traducteur en langue vulgaire.

Il y avait une lacune, Charles Castellani l'a comblée et il s'est dit avec raison que là où l'écrivain perdait ses droits, le peintre devait triompher, le pinceau étant par nature plus suggestif que la plume.

Tant pis pour nous autres, écrivains, mais je suis bien forcé de l'avouer de bonne grâce : lorsque l'intelligence s'éveille chez l'enfant, il va à l'image avant d'aller au livre, c'est tout naturel.

Ce simple préambule, qui n'a d'autre préten-tion que de remplacer le traditionnel tourni-

quet, étant posé, nous n'avons plus tout uni-
ment qu'à entrer de pleins pieds sur le terre-
plein intérieur du Panorama antédiluvien du
peintre Charles Castellani, au Jardin d'Acclimatation.

Grâce à l'aimable attention de M. Geoffroy
Saint-Hilaire, nous venons de traverser tous
nos contemporains et minuscules compagnons
de route sur ce globe, depuis le Phoque jusqu'à
la Girafe, depuis le Zèbre jusqu'au Cacatoès
tapageur.

Le temps de jeter un coup d'œil autour de
nous, et nous voilà plongé en plein monde
préhistorique, entourés d'animaux fort respec-
tables et point rassurants du tout, s'ils commet-
taient la mauvaise plaisanterie de se détacher
de la toile où les a brossés si magistralement
Castellani, avec un art quasiment divinatoire de
ces époques aussi lacustres qu'inhumaines.

Ici, c'est un cheval qui va se trouver aux
prises avec des crocodiles, et quoique les
chevaux de cette époque ne fussent point encore
déformés par une longue accoutumance des
omnibus et des tramways, on sent bien, en
voyant ses crins hérissés, qu'il est vaguement
inquiet et qu'il ne sortira pas vainqueur de la

5.

lutte avec les ancêtres des crocodiles dégé-
nérés de Paul Bert, tels que nous les admirons
au Jardin des Plantes.

Là, les tigres des cavernes, la croupe
ondoyante et souple, plantés sur des jarrets
d'acier, au sommet d'un promontoire, reniflent
puissamment l'air et semblent se demander de
quel côté le vent leur apportera une odeur de
chair fraîche.

Plus loin, Mammouths et Mastodontes se
profilent majestueusement à l'horizon : on croit,
rien qu'en les voyant, que ces animaux ont
occupé une grande place dans le monde,
c'étaient des personnages de poids.

On sait que le seul Mammouth, connu en
entier s'entend, se trouve actuellement au
Musée de Saint-Pétersbourg ; il mesure neuf
mètres de long sur cinq mètres et demi de
hauteur, et possède des défenses qui pèsent
cent cinquante kilogrammes chaque et qui
mesurent cinq mètres de long ; sa crinière
mesurait trente centimètres de longueur, ce qui
prouve qu'il était bien supérieur à nos éléphants
atteints de calvitie héréditaire.

J'ignore totalement si, à cette époque, nos
pères avaient le goût des combats avec ces

animaux, et j'ignore même s'ils vivaient ensemble ; ce qui me paraît peu probable, étant donnée la contemporanéité de l'homme par rapport aux autres êtres, mais j'avoue qu'une pareille évocation laisse loin derrière elle les simulacres lamentables de la rue Pergolèse.

Le plus grand des Mastodontes se trouve au Musée de Turin, ce dont M. Crispi se montre très fier et ce qui expliquerait même en partie, paraît-il, le ton arrogant qu'il a pris dans ses rapports diplomatiques avec les autres puissances.

A côté de ces rois de la création, des tigres antédiluviens, qui ont au moins cinq mètres de long, dévorent tranquillement un cadavre humain, tandis que sur les hauts palmiers qui ombragent cette scène de carnage, des singes se balancent avec grâce au bout de leur queue et jouent avec une sérénité parfaite, ce qui tendrait à démontrer que les quadrumanes ont pratiqué la philosophie dès la plus haute antiquité.

En avançant, nous rencontrons un superbe Iguanodon qui se redresse sur la partie inférieure de son corps et porte la tête droite à plus de quatre mètres de hauteur ; le Musée de

Bruxelles en possède un spécimen qui ne mesure pas moins de dix-sept mètres de longueur ; les pattes de derrière sont beaucoup plus grandes que celles de devant, comme chez le Kanguroo, par exemple, toutes proportions gardées.

Un jour, je reviendrai peut-être sur ce sujet si fécond en révélations inattendues, exposant les découvertes de mon père, mais cela m'entraînerait dans une longue discussion du système darwinien, qui ne serait guère de mise à propos d'un simple Panorama.

La chose en vaut la peine, cependant, car il n'est pas impossible d'éclairer l'histoire de l'humanité de nouvelles lueurs, à l'aide de l'étude de l'histoire naturelle.

Des oiseaux de quatre mètres planent mollement à l'horizon et donnent au paysage un aspect fantastique que l'imagination même des artistes de l'Extrême-Orient serait impuissante à rendre.

Dans un coin montagneux, des blocs mégalithiques et chaotiques laissent entrevoir, dans leurs flancs, la béante ouverture des cavernes habitées par l'homme, cette fois.

Sur le devant, des groupes d'hommes aux

cheveux et aux barbes flavescentes, des femmes, des enfants couverts de peaux de bêtes,
accroupis autour du brasier protecteur... protecteur contre les fauves, entaillent les cornes
de Renne, les os d'élan, polissent la pierre ou
pétrissent la glaise, suivant les caprices de
leur art intuitif.

Mais les vrais propriétaires de la caverne ne
sont pas loin, les grands ours ; aussi un groupe
d'hommes primitifs, avec leurs armes plus pri-
mitives encore, leur disputent-ils, pieds à pieds,
leur misérable demeure si chèrement conquise,
plus chèrement conservée chaque jour.

Un serpent python, brochant sur le tout, s'étire
paresseusement dans la vase chaude et pesti-
lentielle de ces époques de rapides enfante-
ments.

Celui-là n'a, paraît-il, que 25 à 30 mètres de
longueur.

On sait que l'on a trouvé des pythons fossiles
en Californie, mesurant jusqu'à quarante-deux
mètres.

Je me souviens d'en avoir vu un vivant, à
Amsterdam, mesurant huit mètres, ce qui est
déjà bien joli.

On lui sert des pigeons et des lapins vivants

pour son déjeuner, et je ne sais pas de spectacle plus impressionnant et plus pénible que celui-là.

Jetons un dernier coup d'œil sur des habitations lacustres qui se trouvent disséminées sur un lac immense et sur le cratère incandescent de la gauche, et nous aurons terminé notre voyage rétrospectif.

Partout l'horizon est chaud, rouge, enflammé, on sent une température lourde, humide, surchargée d'ozone ; tout cela est beau, est grand et est oppressant tout à la fois ; de temps en temps, une femme se dessine vaguement dans la gueule d'un grand saurien, et l'on voit qu'elle ne pourrait point se défendre, que c'était bien aussi, pour l'humanité, l'époque de l'enfantement dans la douleur.

Du reste, dans le Panorama qui est bien véritablement une vision très intense, très vécue et très empoignante du monde antédiluvien, malgré toute la puissance évocatrice, malgré toute la science divinatoire de l'artiste, malgré et peut-être à cause de la magie de son pinceau, il y a forcément une grande part laissée à l'imagination, à la fantaisie.

Ce qui est vrai, ce n'est point l'ensemble, c'est la reconstitution de l'animal, faite individuellement, et c'est précisément là ce qui est intéressant.

Un semblable travail devait forcément être tout à la fois une analyse et une synthèse, mais il est assez impérieusement instructif pour donner le goût à l'enfant qui sort de là, de compléter son instruction dans des livres spéciaux; c'est beaucoup, c'est tout, car l'enquête poussée plus loin par le peintre n'était guère possible, et, telle quelle, son œuvre restera comme une page de vulgarisation du plus haut intérêt.

J'aurais pu parler, à mes lecteurs, des Mégathérium, des Mégalosaures, des Plésiosaures, etc., etc., que renferme le Panorama de Castellani et faire de l'érudition facile ; je ne l'ai point voulu, parce que je pense qu'il est plus utile de rester un modeste vulgarisateur.

Un dernier mot : tous ces animaux antédiluviens sont bien imposants, mais en sortant du Panorama et en me retrouvant dans le Jardin d'Acclimatation, au milieu des moutons qui vous broutent dans la main et des canards qui vous suivent pour happer le pain au passage,

je me sentais tout ragaillardi, — à la bonne
heure, au moins, cette fois, nous sommes en
famille !

———

OUVRAGES DE THÉODORE VIBERT

POÉSIES

ROMANS

HISTOIRE UNIVERSELLE

Pour paraître :

OUVRAGES DE PAUL VIBERT

POESIES

Sonnets Parisiens, 3ᵉ édition................ 1 vol.

Sonnets Parisiens (traduction en sonnets ita-
liens).. 1 vol.

POLÉMIQUE

Arsène Thévenot, sa vie, ses œuvres......... 1 vol.

Affaire Sardou, Mémoire à la Presse.......... 1 vol.

THÉATRE

L'Affairé, traduction de L. HOLBERG, par A.
FLINCH et Paul VIBERT.................... 1 vol.

ROMAN

Le Péché de la Baronne, idylles normandes. 1 vol.

ÉCONOMIE POLITIQUE

La Concurrence Étrangère, industries pari-
siennes. — Politique coloniale. — Vins et
Alcools. — Musées commerciaux, etc., Thèmes et
Conférences................................ 1 vol.

L'Extinction du Paupérisme................ 1 vol.

Les Panoramas Géographiques à l'Exposition
universelle de Paris de 1889. — Niagara. — La

Baie de Rio-de-Janeiro. — Le Pétrole. — Les Transatlantiques. — Jérusalem. — Le Monde Antédiluvien. Édition illustrée.... .... 1 vol.

Sous Presse :

Le Musée commercial, Universel, Colonial et Métropolitain de Paris et l'Exposition universelle.. 1 vol.

L'Électricité à la portée des gens du Monde, ouvrage de vulgarisation .... 1 vol.

PATRIE !

Association nationale de Topographie pour la Vulgarisation des Sciences Topographiques en France

ET

Union militaire de la Jeunesse française, autorisée par Arrêté préfectoral du 8 Juin 1888 et par Décret ministériel du 12 Novembre 1888.

1879-1889

———

La Gymnastique, c'est bien; le Tir, c'est mieux :
la Topographie, c'est l'épaulette.

E. DELATTRE, Député (1886).

Etendre à l'infini la Topographie, pour l'approprier
à la défense du sol de la Patrie.

E. F. D. (1882).

———

Récompenses obtenues

Médaille d'argent (Paris, 1885).

Exposition (Paris, 1887). — Grand Diplôme d'honneur.

Exposition (Paris, 1888), — Médaille et Diplôme d'honneur.

Exposition d'Hygiène et de Sauvetage (Paris, 1888). — Médaille d'argent.

Exposition universelle (Paris, 1889). — Deux médailles d'argent collectives.

Conseil d'Administration

Président : PAUL VIBERT (O. ✠), Membre de la Société des Gens de Lettres, des Sociétés de Géographie commerciale de Paris, de Saint-Nazaire, etc., Secrétaire général-adjoint de la Société des Etudes coloniales et maritimes, professeur de Géographie commerciale au G.·. O.·. de France, etc.

Vice-Président : JULES BANNAUX (O. ✠), graveur-géographe.

Secrétaire-général : EUGÈNE-F. DOUBLEMART, inventeur d'instruments de topographie, Professeur à la Ligue de l'Enseignement.

Trésorier : A. LAGACHE.

Trésorier-Adjoint : : A. BOULNOIX, topographe.

Administrateurs : BARDEL, sous-lieutenant au 17e d'infanterie territoriale; JEUNET, Président de *Spes Patriæ*. CHARLES FABER, capitaine au 35e régiment d'infanterie territoriale.

Commission de surveillance : MM. LAGARDE, PERRIN.

Commandant-Directeur des Sections d'instruction militaire : M. le commandant FERRAND (✾ ◉), Président des *Enfants de Paris* .

Pour toutes demandes d'envoi des Statuts ou de renseignements sur les Cours, les Sorties mensuelles, les Concours, les sections de Paris et de la province, etc., s'adresser au siège social, 26, rue Chevert, à Paris, chez M. EUG.-F. DOUBLEMART, Secrétaire général.

EN VENTE

AU SIÈGE SOCIAL DE L'ASSOCIATION NATIONALE DE TOPOGRAPHIE

Statuts de l'Association............ 50 centimes
Annuaire de l'Association (1889).... 1 franc.

TABLE DES MATIÈRES

GRAVURES

1. La Bourgogne sortant du port de New-York.
2. L'Eugène-Péreire entrant dans le port de Marseille.
3. Vue d'un District pétrolifère en Pensylvanie.
4. Vue du District pétrolifère du plateau de Balakané, près Bakou (Caucase).

6.

EXTRAIT DU CATALOGUE

DE

CHARLES BAYLE, ÉDITEUR

16, RUE DE L'ABBAYE, A PARIS

LA GÉOGRAPHIE

Journal hebdomadaire populaire de vulgarisation géographique publié sous la direction de CHARLES BAYLE, avec la collaboration de la plupart des Explorateurs et des Géographes les plus distingués. — FRANCE ET ALGÉRIE. UN AN : 6 fr. — EXTÉRIEUR : 7 fr. 50.

ATLAS COLONIAL

Récompensé par la Société de Géographie et la Société de Géographie commerciale de Paris.

Cet Atlas, gr. in-4° raisin (35 sur 42), contient 350 pages de texte, 20 cartes et 100 cartons. Il est considéré comme une publication patriotique hors ligne, comme une grande œuvre d'éducation nationale. Relié, **24 fr.** et **20 fr.** — Cartonné, **20 fr.** et **16 fr.**

Atlas colonial, édition populaire et classique (cart. 2 fr. 25)........	1 75
Nouvel atlas de Géographie élémentaire (avec Lettre de M. E. LEVASSEUR, membre de l'Institut, et Notice explicative) dressé d'après un système nouveau de « Projection par fuseaux », par Victor TURQUAN. Cartonné (par poste, 3 fr. 50).........................	3 »
Tableaux géographiques pour l'étude de la France, par Victor TURQUAN..	» 75
Carte de la Répartition géographique ou Densité de la population en France, par Victor TURQUAN, format colombier, tirage en trois couleurs, montée sur toile, avec gorge et rouleau.................	8
Atlas général des voyages et expéditions militaires de Jeanne d'Arc, par RIGAUD. — 3 parties : 1° Domremy la Pucelle ; 2° Orléans et environs ; 3° Paris, Compiègne, Rouen. — Sur papier vélin.......	10 »
Carte d'Alsace-Lorraine, par MAGER (par poste 1 fr. 25)...........	1 »
Alimentation rationnelle des plantes, des animaux, des hommes, par Jules SÉVERIN...	1 »
Avant, pendant et après l'affaire Schnæbelé, par Léon GOULETTE, avec documents, cartes, plans et phototypies.....................	2 50
L'Espion aérien, par Wilfrid DE FONVIELLE. Episode très intéressant du Siège de Paris, avec illustrations, par Ulric DE FONVIELLE, in-8° (reliure à biseaux, 5 fr. 50, broché....................................	3 50
Souvenirs politiques et militaires de Bulgarie, par le Dr Ch. ROY..	3 50
Le Bagne et la Colonisation pénale à la Nouvelle-Calédonie, par Léon MONCELON..	2 50
Excursions patriotiques, par Charles LEMIRE, ouvrage recommandé pour toutes les écoles secondaires et primaires, avec 30 gravures ou phototypies et 2 cartes gravées : l'Alsace et les itinéraires de Jeanne d'Arc, très bel in-8°..	2 50

EXTRAIT DU CATALOGUE DE CHARLES BAYLE

PETITE BIBLIOTHÈQUE POPULAIRE
A 65 centimes le volume.

SOUS PRESSE

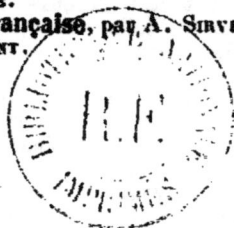

Arcis-sur-Aube. — Imp. Léon Frémont.

www.ingramcontent.com/pod-product-compliance
Lightning Source LLC
Chambersburg PA
CBHW052136090426
42741CB00009B/2097